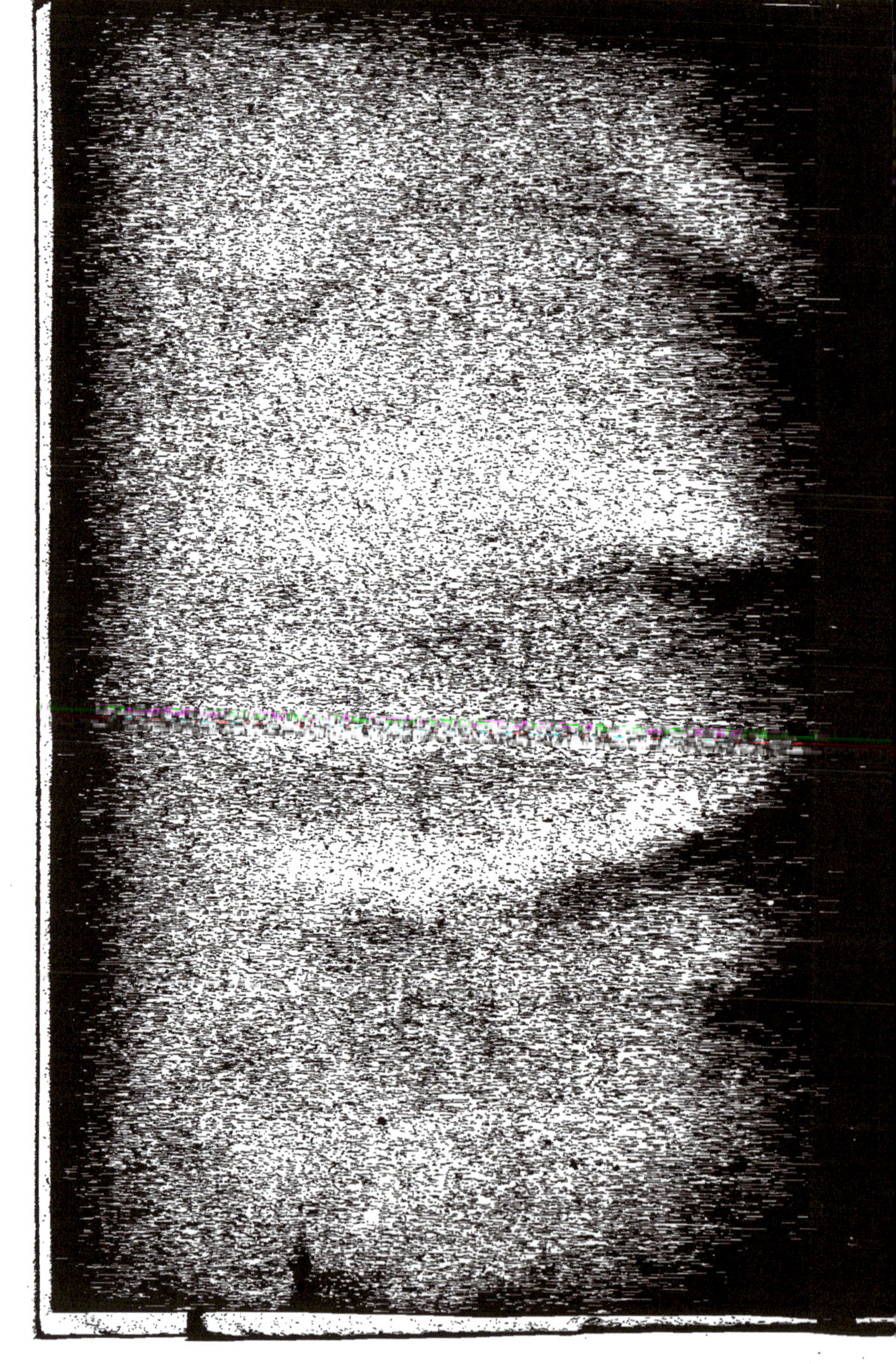

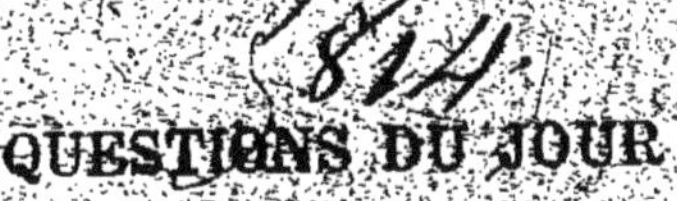

LE CONCORDAT

ET LES
ARTICLES ORGANIQUES

ÉTUDE SUR LA SITUATION LÉGALE DE L'ÉGLISE EN FRANCE

PAR

Le Marquis de SÉGUR

ANCIEN CONSEILLER D'ÉTAT

PARIS

LIBRAIRIE DE LA SOCIÉTÉ BIBLIOGRAPHIQUE

MAURICE TARDIEU, DIRECTEUR

35, RUE DE GRENELLE, 35

1880

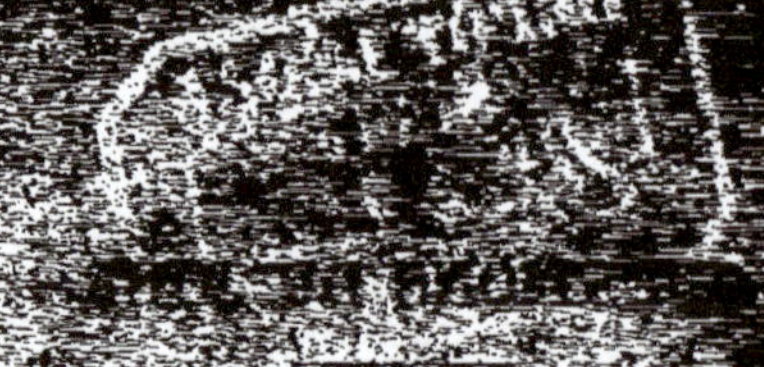
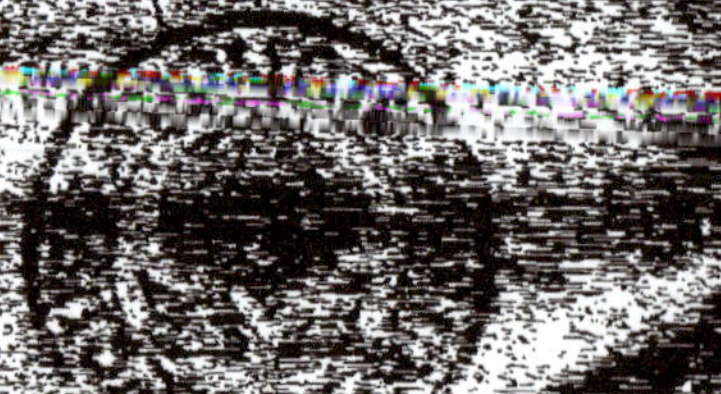

LE CONCORDAT

ARTICLES ORGANIQUES

ÉTUDE

SUR LA SITUATION LÉGALE

DE L'ÉGLISE EN FRANCE

I

Tout le monde parle du Concordat et des lois organiques. Mais peu de personnes s'en font une idée précise et se rendent un compte exact de la situation légale qui en résulte pour l'Église catholique.

Le Concordat comme son nom l'indique, est un traité synallagmatique, une convention entre deux puissances souveraines, qui lie les deux parties contractantes et ne peut être changé que du consentement de l'une et de l'autre.

Cette convention, passée à Paris, le 26 messidor an IX (en langage français et chrétien le 15 juillet 1801), entre le pape et le gouvernement consulaire, et promulguée le 18 germinal an X (3 avril 1802) comme loi de l'État, se compose de dix-sept articles qui forment ce que je pourrais appeler le droit public de l'Église catholique en France.

L'Église et l'État doivent l'un et l'autre le respecter et l'appliquer, et se sont mutuellement interdit de rien faire qui soit contraire à son texte ou à son esprit.

En dehors de ce traité, il peut et doit nécessairement y avoir des lois ou des règlements intérieurs relatifs à l'exercice du culte, à l'exécution même des dispositions concordataires. Mais ces lois ne doivent en être que le développement et la mise en pratique. Si elles en étaient la négation, elles ne sauraient prévaloir contre le traité lui-même, et elles n'obligeraient pas l'Église. Ceci est du bon sens, de la bonne foi et de l'équité la plus élémentaire.

On peut très bien concevoir une autre situation que celle du Concordat, c'est-à-dire l'absence de toute convention synallagmatique, de tout traité entre le gouvernement et le Saint-Siège, entre l'Église et l'État. Ce serait une situation pleine de périls, grosse de dissensions entre le pouvoir spirituel et le pouvoir civil, et qui semble ne pouvoir s'appliquer à un État catholique dans l'unanimité ou l'immense majorité de ses citoyens, comme la France l'a toujours été. Mais nous n'avons pas à nous préoccuper de cette hypothèse, puisqu'elle ne s'est pas réalisée en France. Le Concordat existe, les deux puissances ont traité, ont échangé solennellement leur parole, leurs promesses et leurs signatures. Tant que cette situation existe et elle existera en droit jusqu'au jour où les deux parties contractantes se seront mises d'accord pour la modifier ou la faire cesser, le devoir rigoureux de l'État et de l'Église consiste à le respecter et à y conformer tous leurs actes.

Cette mise en pratique du Concordat dont nous indiquions la nécessité, le gouvernement du premier consul n'a pas tardé d'un jour à la réaliser, et dans la loi de germinal an X qui a sanctionné et promulgué le Concordat, il a fait

suivre cette convention d'un ensemble de dispositions légales qui ne sont autre chose que
l'organisation du culte catholique en France.
De là le nom de lois organiques qui leur est
donné dans l'acte même de la promulgation du
Concordat. On les appelle indifféremment les
articles organiques ou lois du 18 germinal
an X.

Pourrait-on, comme on l'a prétendu, attri-
buer, au point de vue des rapports de l'Église
et de l'État, la même valeur aux articles organiques qu'au Concordat, sous prétexte qu'ils
ont été sanctionnés par une seule et même
loi ? Et le gouvernement français a-t-il le
droit de considérer et d'opposer à l'Église ces
articles comme une partie intégrante du Concordat lui-même ?

Il y aurait là un excès de pouvoir établi
et qui ne soutient pas la discussion. S'il dépen-
dait d'une des parties contractantes de modifier
les conventions internationales sans l'assen-
timent de l'autre partie, il n'y aurait plus de
traités ni de droit des gens. Un traité, en droit
public comme en droit civil, lie les parties
dans la limite étroite de ses stipulations, sans
qu'aucun des contractants puisse rien y ajouter
et rien en retrancher. Peu importe donc que

les articles organiques aient été présentés au Corps législatif et votés par lui en même temps que le Concordat : c'est un fait de pure forme, qui ne saurait rien changer au fond des choses. Cela est si vrai que le gouvernement français n'a jamais hésité, comme nous le verrons plus loin, à modifier certains des articles organiques de sa propre autorité, soit par des lois postérieures, soit par de simples décrets, ce qu'il n'a jamais pensé à faire pour les articles du Concordat.

Et s'il était besoin d'une autre preuve pour établir la différence fondamentale existant entre les articles organiques et le Concordat, il me suffira de rappeler que la loi de germinal an X s'étend aux cultes protestants comme au culte catholique, que, suivant son intitulé, c'est une loi réglant l'*organisation des cultes*; or nul n'oserait soutenir que l'Église réformée ou l'Église de la confession d'Augsbourg ont le moindre rapport avec le Pape et le Saint-Siège.

Écartons donc cet argument de forme qui n'est pas sérieux, et examinons les dispositions du Concordat et des lois organiques en elles-mêmes, en laissant à chacun des ces actes leur caractère parfaitement distinct.

Quels sont les droits résultant pour l'Eglise et l'État du Concordat ?

En quoi les lois organiques sont-elles conformes ou contraires à ces droits, et dans quelle mesure par conséquent sont-elles obligatoires pour l'Eglise ?

Telles sont les deux graves questions qui font l'objet de cette étude.

II

Des dix-sept articles composant le Concordat, le premier est incontestablement le plus important, en ce qu'il pose et précise le principe fondamental qui doit présider aux rapports de l'Eglise et la publicité du culte catholique, sans autre limite que les mesures de police nécessaires pour assurer la tranquillité publique.

« La religion catholique, apostolique, et romaine, dit l'article 1er du Concordat, sera librement exercée en France ; son culte sera public, en se conformant aux réglements de police que le gouvernement jugera nécessaires pour la tranquillité publique. »

Les droits qui découlent pour l'Église de cette déclaration de principe ou plutôt de cette stipulation synallagmatique, sont si considérables, si difficiles à contester de bonne foi et en même temps si clairs, qu'il importe de rappeler l'histoire de cet article 1er du Concordat, de l'incroyable labeur de son enfantement, des luttes acharnées dont il a été l'occasion entre les représentants de l'Église et de l'État, des scènes vraiment dramatiques auxquelles il a donné lieu, de ce duel, en un mot, entre la volonté de fer du premier consul et la volonté plus flexible mais non moins persistante du cardinal Consalvi, qui se termina par la victoire du prélat diplomate sur le héros de tant de batailles, dans lequel on pressentait déjà l'empereur Napoléon. Ce qui s'agitait au fond dans cette querelle, ce n'est rien moins que la liberté ou l'asservissement de l'Église, et c'est parce que les représentants des deux puissances en avaient la conscience intime que la lutte fut si longue, si violente, et faillit aboutir à la rupture des négociations.

Rien n'est saisissant comme le récit qu'en a laissé le cardinal Consalvi dans ses *Mémoires*, récit que je voudrais pouvoir reproduire en entier, mais dont je dois me borner à rappeler brièvement les principaux traits. Après de longues journées de discussions entre les délégués du Saint-Siège et ceux du gouvernement français, on semblait d'accord sur la rédaction du Concordat tout entier, et déjà l'on avait pris jour pour la signature du traité, quand, au dernier moment, tout fut remis en question par la prétention du premier consul de modifier la rédaction de l'article 1er, avec l'ordre donné à ses représentants de rompre les négociations si sa volonté n'était pas obéie.

Bonaparte, après de longues et vives résistances, avait fini par consentir à la disposition stipulant la liberté de l'Église, mais il déclarait qu'il n'admettrait jamais la publicité du culte sans autre limite que les *règlements de police nécessités par la tranquillité publique.* Il exigeait impérieusement la suppression de ces derniers mots, comme apportant au droit souverain de l'État une restriction suivant lui intolérable.

De son côté, le cardinal Consalvi déclarait que rien ne lui ferait abandonner une rédaction qui seule opposait une limite précise et certaine aux caprices du despotisme, si faciles à décorer du nom de lois et règlements de police. La suppression de mots exigée par le premier consul équivalait, dans sa pensée, à l'abandon de la liberté de l'Église et du culte principe même de la convention.

Il opposa donc une résistance absolue sur ce point aux instances de Joseph Bonaparte, que le premier consul avait chargé de signer pour lui le Concordat. Dix-neuf heures se passèrent dans une discussion ininterrompue sans amener les parties à une entente impossible. «Pour comprendre combien elle fut laborieuse et pénible, écrit le cardinal Consalvi, il suffira de dire qu'elle dura sans aucun repos depuis cinq heures du soir jusqu'à midi du jour suivant. Nous y passâmes toute la nuit sans renvoyer ni les domestiques ni les voitures, comme il arrive quand on espère finir d'heure en heure une affaire en train.»

Ce qui accroissait les angoisses du cardinal et le fardeau terrible de sa responsabilité, c'est que le soir même il devait assister à un grand dîner chez le premier consul, et que Bonaparte lui avait fait déclarer par son frère qu'il fallait prendre son parti avant ce repas officiel, dans lequel il était décidé à annoncer publiquement la signature du Concordat ou la rupture des négociations. Pour persister dans sa résolution, il fallut à Consalvi un degré de conviction et de volonté égale à celle qui fait affronter le martyre. Les colères du premier consul étaient connues de tous, et le prestige de ses victoires, l'ascendant de son génie, le rendaient trois fois redoutable.

Le salon où se tenait le premier consul était rempli d'un monde de magistrats, d'officiers, de ministres, d'ambassadeurs et d'étrangers illustres, qui attendaient avec une curiosité ardente et anxieuse l'accueil réservé au cardinal. Dès que le prélat entra, son terrible hôte vint droit à lui, et le visage enflammé, d'une voix vibrante et dédaigneuse, il lui dit :

« Eh bien, monsieur le cardinal, vous avez voulu rompre ! Soit. Je n'ai pas besoin de Rome. J'agirai de moi même. Si Henri VIII, qui n'avait pas la vingtième partie de ma puissance, a su changer la religion de son pays et réussir dans ce projet, bien plus le saurai-je faire et le pourrai-je, moi ! En changeant la religion en France, je la change dans presque toute l'Europe, partout où s'étend l'influence de mon pouvoir. Rome s'apercevra des pertes qu'elle aura faites ; elle les pleurera, mais il n'y aura plus de remède. Vous pouvez partir, c'est ce qu'il vous reste de mieux à faire. Vous avez voulu rompre, eh bien, soit, puisque vous l'avez voulu. Quand partez-vous donc ! »

— « Après dîner, général, » répliqua le cardinal, auquel la violence de cette sortie avait rendu tout son sang-froid.

Ce mot fit tomber la colère, réelle ou feinte, du premier consul. Il comprit sans doute que, devant une volonté aussi ferme et aussi calme, c'était à prendre ou à laisser, et bien que Consalvi ne le dise pas et ne semble pas même le soupçonner, il est probable que, dès ce moment, il résolut de céder. Ce qui est certain, c'est qu'il consentit à la reprise des négociations, que Joseph Bonaparte, après une nouvelle discussion de douze heures, déclara prendre sur lui de signer le Concordat avec la rédaction complète de l'article 1er, afin, dit-il, de présenter à son frère l'affaire comme terminée, et que, de son côté, le premier consul, après une scène violente faite à Joseph et une longue méditation, finit par donner son consentement à la convention et chargea son frère d'en faire part au cardinal.

C'est ainsi que fut signé l'article 1er du Concordat, et tel est le commentaire éloquent et significatif de ses termes et de son esprit. Je n'ai raconté les péripéties de son long enfan-

tement que pour en faire mieux comprendre
toute la portée, l'importance capitale, et pour
établir combien l'Église est fondée à la considérer comme la base inébranlable sur laquelle
repose l'édifice de ses droits, de ses revendica-
tions et de sa liberté.

III

L'article 1er du Concordat consacre le libre
exercice du culte catholique, sans aucune restriction, et la publicité de ce culte, sans autre
limite que les règlements de police nécessaires
pour assurer la tranquilité publique.

Les articles 2 et 3 ne sont pas moins considérables par le pouvoir d'autorité et de juridiction directes qu'ils reconnaissent au Saint-
Siège sur l'Église universelle.

En effet, après avoir établi dans l'article 2
qu'il sera fait par le Saint-Siège, de concert
avec le gouvernement, une nouvelle circonscription des diocèses français, le Concordat
stipule, dans l'article 3, que, sur le refus des
titulaires des évêchés de renoncer à leurs
sièges, il sera pourvu par de nouveaux titu

laires au gouvernement des évêchés recons-
titués.

La portée de cette stipulation est si grande,
elle reconnaît au Saint-Siège une autorité si
absolue sur toutes les choses et toutes les
personnes ecclésiastiques, que le Pape ne
consentit à l'adopter qu'avec une vive répu-
gnance et après de longues résistances : non
pas qu'il doutât de son droit fondé sur les
paroles de Notre-Seigneur Jésus-Christ à
saint Pierre; « Pais mes agneaux et mes
brebis, » et « Tout ce que tu lieras sur la
terre sera lié dans le ciel, tout ce que tu
délieras sera délié, » mais il reculait devant
un exercice de ce droit souverain dont l'histoire
de l'Église n'offrait aucun exemple analogue.
Supprimer d'un trait de plume toute l'organisation ecclésiastique de l'Église de France,
refaire toutes ses circonscriptions diocésaines
et paroissiales, demander et au besoin imposer
à tous les titulaires leur démission, ne pas
s'arrêter devant leur résistance et les rem-
placer sur leurs sièges épiscopaux ou dans
leurs cures inamovibles, ce n'était pas un
droit nouveau pour le Souverain-Pontife, mais
c'était un fait sans précédent; c'était aussi,
de la part du gouvernement français, la recon-

naissance de ce droit et l'affirmation la plus énergique de l'autorité et de la juridiction souveraine du Saint-Siège sur le monde catholique tout entier. Le gouvernement français passa outre parce que c'était nécessaire, le Pape acquiesça parce que c'était légitime, et je puis dire, à un certain point de vue, que la nécessité de la mesure prouve sa légitimité, la sagesse de Dieu, qui n'est pas courte et bornée comme celle des hommes, ne pouvant laisser aucun mal sans remède ni aucun problème sans résolution.

Des articles 4, 5, 6, 7 et 8, je n'ai qu'un mot à dire. Ils reproduisent les stipulations des anciens concordats qui réglaient le mode de nomination des évêques par le concours de l'Église et de l'État, et leur exécution n'a jamais donné lieu à une difficulté sérieuse. Les évêques nommés par le gouvernement français reçoivent l'institution canonique du Saint-Siège, et ce n'est qu'après l'avoir reçue qu'ils peuvent être consacrés et prendre l'administration de leurs diocèses. Ainsi les droits des deux puissances sont sauvegardés, aucune d'elles ne pouvant imposer à l'autre des personnalités hostiles ou dangereuses.

Ce concours raisonnable et accepté de part

et d'autre se retrouve en ce qui concerne la circonscription des diocèses et la nomination des curés. D'après les dispositions des articles 9 et 10, les circonscriptions et nominations faites par les évêques doivent être soumises au consentement et à l'agrément du gouvernement.

L'article 11 stipule le droit, pour les évêques, d'avoir un chapitre dans leur cathédrale et un séminaire dans leur diocèse. Là encore, aucune difficulté.

Les quatre articles suivants, 12, 13, 14, et 15, tranchent de la façon la plus nette et la plus heureuse les graves questions restées pendantes depuis la Révolution et relatives aux biens confisqués de l'Église, à la dotation du clergé et à la propriété ecclésiastique.

On sait que, sous une forme à peine déguisée, les biens de l'Église avaient été, de la part de l'Assemblée constituante de 1789, l'objet d'une véritable confiscation au profit de l'État. Cependant, ce n'était pas sans conditions formelles et sans engagements solennels que l'État avait osé s'emparer de ce vaste patrimoine, consacré depuis l'origine de l'Église à l'entretien du clergé, des édifices religieux et au soulagement des pauvres. En mettant ce patrimoine sacré à la disposition de la nation, l'Assemblée souveraine avait stipulé que l'État prenait à sa charge la dotation du clergé, l'entretien de ses ministres, de ses édifices et des pauvres. Le clergé avait dû subir ce contrat, non pas proposé, mais imposé par la force, et dès lors les acquéreurs des biens ecclésiastiques confisqués et mis en vente ne pouvaient jouir tranquillement de terres et d'édifices dont, aux yeux du peuple chrétien, ils n'étaient que les détenteurs illégitimes.

Au moment de régler les conditions normales et définitives du rétablissement du culte catholique, le Saint-Siège et le gouvernement français ne pouvaient laisser de si graves intérêts en suspens. Il fallait faire la part des faits irrévocablement accomplis, transformer en un véritable contrat synallagmatique les lois révolutionnaires et les engagements pris par le législateur, et assurer pour l'avenir les conditions de la propriété ecclésiastique. Ce fut l'objet des articles 12 à 15 du Concordat.

Le Souverain Pontife déclarait, dans l'article 13, « que pour le bien de la paix et l'heureux rétablissement de la religion catholique, ni lui ni ses successeurs ne troubleraient en aucune manière les acquéreurs des biens ecclésiastiques aliénés, et qu'en conséquence la propriété de ces biens, les droits et revenus y attachés, demeureraient incommutables entre leurs mains ou celles de leurs ayants cause. »

En échange de ce complet et généreux abandon le gouvernement s'engageait, dans les articles 12 et 14, « d'abord à remettre à la disposition des évêques toutes les églises métropolitaines, cathédrales, paroissiales et autres, non aliénées, nécessaires au culte ; » secondement « à assurer un traitement convenable aux évêques et aux curés dont les diocèses et les paroisses seraient compris dans la circonscription nouvelle. »

Enfin l'article 15 disposait que le « gouvernement prendrait des mesures pour que les catholiques français pussent, s'ils le voulaient, faire en faveur des églises des fondations. »

Ces quatre articles, d'une netteté et d'une précision admirables, réglaient en quelques lignes, pour le passé comme pour l'avenir, la question si débattue et si complexe des biens de l'Église et de la dotation du clergé. — Le Pape passait l'éponge sur la vente des biens ecclésiastiques et, de son autorité souveraine, les donnait en toute propriété à ceux qui les avaient acquis de la nation. L'État, de son côté, restituait à l'Église tous ceux de ses anciens biens qui n'étaient pas encore aliénés, c'est-à-dire les édifices consacrés au culte, dont la plus grande partie était restée entre ses mains. Il s'engageait de plus, en conformité et en confirmation des lois de l'Assemblée législative, qui avaient mis les biens de l'Église à la disposition de la nation, à doter convenablement les ministres du culte, ce qui donnait à cette dotation un caractère concordataire et enlevait au gouvernement et aux chambres le droit de la discuter dans son principe lors du vote annuel du budget. Puis, prévoyant les nécessités de l'avenir et reconnaissant le fait séculaire, interrompu par la Révolution, du caractère social et de la personnalité complète et entière de l'Église, il posait le principe de la reconstitution de la propriété ecclésiastique, en s'engageant à assurer le droit des catholiques français à faire des fondations en faveur des églises.

Ces dispositions achevaient la grande œuvre du rétablissement de l'Église catholique en France et elles terminent aussi le Concordat. En effet, les deux derniers articles n'ont qu'une importance secondaire, l'article 16 n'étant que de convenance, l'article 17 que de par bon sens et d'une évidence telle qu'on aurait pu ne pas l'écrire.

D'après l'article 16, « Sa Sainteté reconnaît dans le premier consul de la République française (c'est-à-dire dans le chef de l'État) les mêmes droits et prérogatives dont jouissait près d'Elle l'ancien gouvernement », ce qui ne s'entend manifestement que des droits de préséance diplomatique ou de protectorat et des honneurs attribués de temps immémorial au roi de France, fils aîné de l'Église près de la cour de Rome.

D'après l'article 17, les parties contractantes stipulent que, « dans le cas où l'un des successeurs du premier consul actuel ne serait pas catholique, les droits et prérogatives mentionnés dans l'article ci-dessus et la nomination aux évêchés seraient réglés, par rapport à lui, par une nouvelle convention ». Cela s'entend de soi et n'a besoin d'aucun commentaire.

IV

Voilà donc, dans leur ensemble et leurs détails, les dix-sept articles qui forment le

Concordat. Ils sont si nets, si complets dans leur brièveté, ils établissent avec une telle précision les rapports de l'Église et de l'État, respectant également les droits et le caractère de l'une et de l'autre, définissant les domaines des deux sociétés, évitant le double écueil de la confusion et de la séparation des deux puissances, et restant toujours sur le terrain fécond et salutaire de leur union dans la distinction, qu'il semble qu'après eux il n'y avait presque plus rien à dire.

Le principe qui domine tout le Concordat, qui est écrit en tête de son premier article, c'est que l'Église catholique est libre, c'est qu'elle est librement exercée en France, sans autre restriction, pour la publicité de son culte, que les besoins de la tranquillité publique. Donc, rien de la part de l'État ne doit entraver les libres rapports du clergé et des fidèles avec le Pape, leur chef suprême, ni les libres rapports des évêques, des prêtres et des fidèles entre eux. Rien ne doit faire obstacle à la formation et au développement des institutions catholiques, telles que congrégations religieuses, confréries, etc., qui ne menacent d'aucune façon la tranquillité publique. Donc, en un mot, la vie doit circuler sans entrave dans tout le corps de l'Église, depuis l'extrémité de ses membres les plus humbles jusqu'à sa tête et à son cœur.

Le Pape est reconnu chef suprême et Pontife souverain de l'Église universelle, pasteur des pasteurs et évêque des évêques, avec une énergie sans exemple dans la vie dix-huit fois séculaire du christianisme. Donc ses ordres, ses encycliques, ses décisions et ses conseils doivent arriver en toute liberté, non-seulement aux évêques sur leur siège épiscopal, mais jusqu'aux moindres desservants de village, et tous, depuis l'enfant du catéchisme et le pauvre charbonnier, dont la foi est légendaire, jusqu'aux premiers fonctionnaires de l'État et au souverain lui-même, lui doivent le respect dû au divin Maître, dont il est le représentant en ce monde.

L'Église est reconnue apte à acquérir et posséder des biens provenant soit des restitutions de l'État, soit des libéralités des fidèles. Elle rentre en possession de ceux de ses édifices non aliénés, et en échange de ceux qui ont été acquis par des particuliers et auxquels elle renonce solennellement, elle reçoit de l'État la promesse non moins solennelle d'une dotation de tous ses ministres, proportionnée au rang, à la dignité et aux besoins de chacun. Le temporel de l'Église de France, vêtement nécessaire du spirituel, est ainsi réglé pour le présent et l'avenir, et elle peut vaquer, sans préoccupations matérielles, à ses grands devoirs d'enseignement, d'assistance et de salut des âmes.

Quant à l'État, ses droits demeurent intacts sur tout ce qui est de son domaine, et la part la plus large lui est faite en ce qui touche les questions mixtes où les deux puissances doivent se rencontrer et s'entendre. D'un côté, l'Église renonce, non pas explicitement, mais tacitement, par le Concordat, à sa situation séculaire, traditionnelle et légitime, de religion de l'État, situation qui, en y réfléchissant, ne serait nullement incompatible avec la tolérance et la liberté des autres cultes reconnus par la loi. Elle se contente de la déclaration par laquelle, dans le préambule du Concordat, le gouvernement français reconnaît que la religion catholique, apostolique et romaine, est la religion de la grande majorité des François. Cette déclaration n'est pas une vaine formule, en ce qu'elle donne à l'Église le droit de revendiquer les privilèges qui, partout et toujours, sont le partage des majorités. Mais elle diffère abso-

lument du régime d'une religion d'État, en ce
que l'État ne s'engage point à faire exécuter
comme siennes toutes les lois et prescriptions
du Saint-Siège, et qu'il ne s'oblige plus, comme
avant la Révolution, à prêter le bras séculier
à l'exécution des jugements ecclésiastiques,
des vœux de religion, de tout ce qui constitue
la discipline de l'Église.

En second lieu, le Concordat donne à l'État
la garantie la plus efficace en lui concédant le
droit presque exorbitant de participer à l'organisation des circonscriptions ecclésiastiques,
diocèses et paroisses, et au choix des évêques
et des curés. Cette concession s'explique par
le désir et le besoin légitime du gouvernement
de ne rencontrer ni opposition politique, ni
malveillance systématique de la part des prélats et des pasteurs du peuple chrétien, et nous
applaudissons à la sagesse du Saint-Siège qui
l'a souscrite ; mais elle n'en est pas moins con-
sidérable, et certes, n'était l'assistance de
l'Esprit-Saint que Dieu n'a jamais refusée à
son Église, cette clause du Concordat pourrait
donner à l'État, dans la direction des choses
ecclésiastiques, une prépondérance pleine de
dangers pour les droits du Saint-Siège et la
liberté des âmes. Dans tous les cas, ce droit

accordé au gouvernement par le Concordat est plus que suffisant pour le garantir contre toute difficulté réelle et non justifiée de la part du clergé, qu'elle place, sinon dans sa main, du moins sous son influence puissante et directe.

Qu'avait donc, selon nous, à faire le gouvernement français à la suite de la signature et de la promulgation du Concordat ? Prendre, par des lois ou des décrets réglementaires, les mesures d'exécution relatives à la circonscription des diocèses et des cures, à la fixation de leur nombre, au chiffre du traitement des ministres de la religion, en un mot, à l'établissement du budget du culte catholique; déterminer dans quelles conditions s'exercerait le droit reconnu aux fidèles de faire des fondations en faveur de l'Église, prescrire la remise des édifices sacrés, églises ou presbytères, entre les mains des évêques et des curés, le tout après une entente avec les représentants de l'Église, puis laisser le reste à la liberté, principe même du Concordat, sauf à s'entendre avec le Saint-Siège et les évêques, dans le cas où la pratique démontrerait la nécessité de régler quelque point demeuré douteux ou non prévu par le Concordat et les lois y relatives.

Voilà ce qu'il y avait à faire. Voyons ce qu'a

ait le gouvernement consulaire, et si les lois organiques qu'il a promulguées en même temps que le Concordat répondent à ce programme libéral et loyal que nous venons d'esquisser.

V

Les lois organiques sont divisées en quatre titres et renferment soixante-dix-sept articles qui embrassent toute l'organisation du culte, au point de vue du personnel comme du matériel.

Le titre 1er traite du régime de l'Église catholique dans ses rapports généraux avec les droits et la police de l'État.

Le titre II est consacré aux ministres du culte.

Le titre III est relatif au culte.

Enfin le titre IV traite de la circonscription des archevêchés, évêchés et paroisses, des édifices destinés au culte, et du traitement des ministres.

Examinons ces divers titres dans leurs dispositions essentielles et comparons-les au texte et à l'esprit du Concordat, tels que nous les avons définis et analysés dans les pages précédentes.

D'après le Concordat, la religion catholique apostolique et romaine est librement exercée en France, c'est-à-dire que la liberté doit présider aux rapports des évêques, des curés et des fidèles avec le chef de l'Église, et à leurs rapports entre eux.

Voici comment cette liberté se traduit dans le titre 1er des articles organiques. Je transcris littéralement, craignant, si je résumais, qu'on se refuse à me croire.

« ARTICLE PREMIER. — Aucune bulle, bref, rescrit, mandat, provision, signature servant de provision, ni autres expéditions de la cour de Rome, même ne concernant que les particuliers, ne peuvent être reçus, publiés, imprimés, ni autrement mis à exécution, sans l'autorisation du gouvernement.

« ART. 2. — Aucun *individu* se disant nonce, légat, vicaire ou commissaire apostolique, ou se prévalant de toute autre dénomination, ne pourra, sans la même autorisation, exercer sur le sol français ni ailleurs, aucune fonction relative aux affaires de l'Église gallicane.

« ART. 3. — Les décrets des synodes étrangers, même ceux des conciles généraux, ne pourront être publiés en France avant que le gouvernement en ait examiné la forme, leur conformité avec les lois, droits et franchises de la République française, et tout ce qui, dans leur publication, pourrait altérer ou intéresser la tranquilité publique. »

Tels sont les trois articles qui règlent les rapports de l'Église de France avec le Pape et les conciles. Ils sont brefs, mais nets, et méritent que nous nous y arrêtions quelques instants.

Le Pape communique avec les diverses Églises du monde catholique soit par des écrits soit par des personnes. Les écrits émanés du Saint-Siège ont des noms, des formes, une portée qui varient avec les circonstances et que la tradition a définis et consacrés. Tantôt ces écrits s'adressent à l'Église toute entière, comme sont les encycliques, tantôt ils s'adressent à une portion de la catholicité, nation, diocèse, paroisse même; tantôt enfin à des particuliers. Les uns ont le caractère d'actes *ex cathedra*, c'est-à-dire d'enseignements officiels du Souverain Pontife parlant et notifiant ses décisions comme docteur suprême et infaillible; les autres n'ont pas la même autorité doctrinale, et contiennent des conseils et des directions, plutôt que des préceptes.

Mais quels qu'ils soient, quelques noms, quelques formes, quelque portée qu'ils aient, l'article 1er des lois organiques ne distingue pas : ils sont tous enveloppés dans la même proscription. Ils ne peuvent être ni reçus, ni publiés, ni imprimés, ni exécutés en France sans l'autorisation du gouvernement. Cette autorisation est souveraine ; elle n'a ni formes ni conditions déterminées. L'avis du Conseil d'État que le gouvernement a coutume de demander en ces sortes d'affaires, sauf à ne pas le suivre, car cet avis n'est jamais obligatoire, n'est même pas exigé par les Organiques. C'est le bon plaisir pur et simple, la négation la plus absolue, la plus brutale, de la liberté religieuse stipulée par le Concordat. Le Concordat dit à l'Église : « Tu es libre. » Les articles organiques lui disent : « Tu ne communiqueras avec ton chef, avec ton souverain pasteur, ton docteur et ton père, que suivant mon caprice. » Il dépend de la seule volonté du gouvernement d'interrompre toute communication, toute circulation de la vie doctrinale et spirituelle entre l'Église de France et son chef, entre les membres et la tête.

Les représentants du Saint-Siège ne sont pas mieux traités que ses écrits. Quels que soient leur titre, leur dignité, leurs pouvoirs, ils dépendent également et absolument du bon plaisir du gouvernement; ils ne peuvent, sans son autorisation, exercer sur le sol français ni ailleurs aucune fonction relative aux affaires de l'Église gallicane. Ainsi tous les moyens de communication sont coupés entre le Pape et les fidèles, entre les membres de l'Église et leur chef spirituel. Ici la forme est digne du fond, et l'article 2 donne le nom d'*individus* aux nonces, légats ou représentants quelconques du Saint-Siège.

L'autorité des conciles, ces assemblées solennelles des pasteurs et des docteurs de l'Église qui font partie intégrante de sa constitution séculaire, n'est pas plus respectée que celle des Souverains Pontifes. L'article 3 des Organiques permet ne la publication et, par conséquent, l'exécution de leurs décrets sur le territoire français, que du consentement préalable du gouvernement, qui s'arroge le droit d'en examiner la forme et le fond, et de les déclarer comme non avenus pour l'Église de France s'il ne les trouve pas conformes aux lois, droits et franchises de la République française, ou s'il les juge de nature à altérer la tranquillité publique.

L'article a bien soin, d'ailleurs d'étendre expressément cette prohibition aux décrets mêmes des conciles généraux ou œcuméniques, c'est-à-dire à ces assises de l'Église universelle qui, d'après les doctrines de l'Église gallicane et la Déclaration de 1682, ont l'autorité souveraine et la plénitude de l'assistance de l'Esprit-Saint.

Ici nous arrivons à des prétentions qui dépassent les limites de la vraisemblance, et auxquelles les anciens Parlements eux-mêmes et le despotisme de Louis XIV n'avaient jamais atteint. Ce sont les décisions mêmes des conciles œcuméniques sans distinction qui sont soumises à l'examen et à l'approbation du gouvernement. On ne fait grâce à aucune, pas même aux décisions doctrinales, à celles qui ne touchent pas la discipline, mais le dogme; et le gouvernement français, c'est-à-dire un homme, roi, ou président de la République, assisté de quelques ministres et de conseillers d'État, qui peuvent être tous protestants, juifs ou libres penseurs, s'érige en évêque des évêques, en docteur des docteurs, en maître des Conciles, et s'arroge le droit de permettre ou

de défendre à l'Église de France la profession
d'un dogme déclaré de foi par l'autorité suprême
du catholicisme.

Il est vrai que Portalis, le rédacteur des
articles organiques, semble, dans son rapport,
reculer devant un tel excès, et qu'on y lit ces
explications embarrassées et ces aveux forcés :
« Nous savons qu'il appartient aux conciles
généraux de définir les vérités de la foi et de
terminer toutes les controverses dogmatiques.
Nous savons que la puissance civile n'a pas à
se mêler du dogme, qu'elle n'a point à prononcer sur la doctrine, dont l'administration et le
dépôt sont du domaine exclusif de l'autorité
spirituelle, c'est-à-dire du ressort de l'Église,
dont le tribunal est reconnu infaillible par tous
les catholiques. Mais l'infaillibilité n'est point
absolue et générale sur toutes choses. Il est
incontestable que l'Église, dans ses assemblées,
peut faire des règlements sur tout ce qui intéresse les objets que la discipline embrasse, que
ces objets, dont quelques-uns appartiennent à
la temporalité et dont la plupart peuvent être
rangés dans la classe des matières mixtes,
exigent le concours de la puissance publique ;
de là vient le principe que les conciles n'ont
point force de loi en France, au moins quant à

la discipline, qu'ils n'aient été expressément adoptés par le souverain. »

Ces mots « *au moins quant à la discipline,* » rapprochés des aveux de Portalis sur l'incompétence absolue de l'État en matière dogmatique, indiquent bien que, dans la pensée de l'auteur des articles organiques, les décrets disciplinaires des conciles généraux sont les seuls dont le gouvernement se réserve l'examen et l'approbation, et nous prenons acte de ces déclarations. Mais elles condamnent au moins la rédaction de l'article 3 des Organiques, qui ne fait aucune distinction entre les décrets disciplinaires ou autres et qui pourrait se prêter ainsi à tous les excès du despotisme royal ou révolutionnaire.

Il est nécessaire d'ajouter sur ce point une observation capitale. La cour de Rome n'a jamais admis la théorie des Parlements, ni le droit des rois de France de juger les décrets des Papes et des conciles, quel que soit leur caractère, et si elle a toléré cette pratique, elle ne l'a jamais acceptée. Et cependant il y avait entre la situation légale de l'Église sous la monarchie et celle qui a suivi la Révolution et qui dure encore, une différence fondamentale. Avant 1789, la religion catholique était

la religion de l'État. L'Église de France for-
mait une société parfaite, reconnue par l'État,
qui prêtait l'appui du bras séculier à ses lois, à
ses canons, à sa discipline. Elle avait sa juridiction spéciale, ses officialités, ses privilèges,
et par cela seul que ses décrets, disciplinaires
ou autres, étaient publiés dans le royaume, ils
y avaient force de lois. On comprend que, dans
cette situation, l'État cherchât des garanties
contre les empiètements possibles de la puissance ecclésiastique sur la puissance civile, et
si l'esprit des Parlements, bien autrement en-
vahissant que celui de la cour romaine, ne se
fût opposé à toute entente sur ce point, ces
questions si délicates et qui ont donné lieu à
tant de luttes et de scandales auraient été
résolues par un accord préalable.

De plus, des pratiques gouvernementales,
des habitudes enracinées par un usage dix fois
séculaire, étaient passées presque à l'état de
droits et avaient constitué ce qu'on a appelé si
improprement les libertés coutumes et maximes
de l'Église gallicane, libertés et coutumes,
pour le rappeler en passant, qui, en fait, n'é-
taient que des libertés et coutumes despotiques
de l'État à l'égard de l'Église.

Mais depuis 1789, et spécialement après la

signature du Concordat, deux faits immenses
s'étaient produits, qui condamnaient absolument la prétention du gouvernement français
de reprendre, vis-à-vis de l'Église, les libertés
et les errements de l'ancien régime.

D'une part, la religion catholique avait été
dépouillée de son titre et de ses droits de religion de l'État, de son caractère de société
parfaite et reconnue, de sa juridiction, de ses
privilèges, de la sanction légale donnée à ses
lois propres et à sa discipline. Le Concordat,
en renouant ses liens officiels avec l'État, n'a-
vait pas ressuscité la situation traditionnelle
du clergé, et le gouvernement prétendait hau-
tement à son indépendance dans les matières
qu'il déclarait de sa compétence unique. Il
n'entendait plus donner force de lois aux décrets et canons de l'Église, aux vœux des
membres des congrégations religieuses même
autorisées, à la juridiction ecclésiastique, et
l'autorisation de recevoir et de publier en
France les actes du Saint-Siège et ceux des
conciles œcuméniques n'avait plus pour motif
et pour conséquence de prêter à leur exécution
l'appui du bras séculier.

D'autre part, le gouvernement français, en
reconnaissant par le Concordat au Souverain

Pontife le droit de modifier d'un trait de plume toute l'organisation ecclésiastique du territoire, de faire table rase de toutes les circonscriptions diocésaines et paroissiales, et de déposer *ipso facto* tous les évêques et tous les curés de France, avait consacré, avec une énergie sans exemple dans l'histoire de l'Église, la souveraine autorité, la souveraine juridiction du Saint-Siège, et réduit par là même à néant toutes les prétendues libertés, coutumes et maximes de l'Église gallicane. Aussi le premier consul ne fit-il aucune difficulté de recevoir et de faire publier la bulle du Pape Pie VII qui, en exécution du Concordat, réorganisait l'Église de France, nonobstant toutes coutumes et maximes contraires que le Souverain Pontife déclarait formellement nulles et sans valeur.

Dans ces conditions, le retour aux procédés despotiques de l'ancien régime avec des aggravations sans précédent était un anachronisme, un renversement inouï de la logique et de la bonne foi, et en même temps la négation la plus formelle et la moins déguisée des termes et de l'esprit du Concordat, qui stipulait la liberté entière de l'Église et ne tolérait quelques restrictions à cette liberté qu'en ce qui concernait la publicité du culte.

Un autre article des lois organiques, l'article 24, placé, on ne sait pourquoi, dans le titre II plutôt que dans le titre Iᵉʳ, se rattache étroitement à ceux que nous venons de discuter et tombe sous le coup des mêmes critiques. C'est celui qui prescrit à tous les professeurs de séminaires de souscrire la déclaration de 1682 et de s'engager à enseigner la doctrine qui y est contenue.

Sans examiner cette doctrine en elle-même, il est manifeste que cet article contient un excès de pouvoir sans pareil, qu'il est en contradiction formelle avec la liberté de l'Église comme avec le droit public moderne, et qu'en s'ingérant de cette façon péremptoire et souveraine dans des questions de doctrine et d'enseignement dogmatique, l'auteur des lois organiques sortait du domaine de l'État pour entrer dans celui de l'Église, puisque, suivant le rapport précité de Portalis lui-même, « la puissance civile n'a pas à se mêler du dogme ni à prononcer sur la doctrine, dont l'administration et le dépôt sont du domaine exclusif de l'autorité spirituelle ».

J'ajoute que la déclaration de 1682, déjà condamnée par le Saint-Siège et abandonnée par Louis XIV qui avait prétendu l'imposer au clergé de France, a été condamnée par le concile œcuménique du Vatican de 1870, et qu'avec elle ont disparu les dernières traces de la vieille doctrine gallicane et la possibilité de la rétablir.

De toute cette discussion, nous avons le droit de conclure que les articles 1, 2 et 3 des lois organiques, ainsi que l'article 24, sont une violation flagrante du Concordat, et que, comme il n'y a pas de droit contre le droit, au point de vue de la stricte légalité et de la conscience chrétienne, ils doivent être considérés comme non avenus.

Il en est de même de l'article 4 qui règle les rapports des ministres du culte entre eux, et qui est conçu dans les termes suivants :

« Aucun concile national ou métropolitain, aucun synode diocésain, aucune assemblée délibérante n'aura lieu sans la permission expresse du gouvernement. »

L'article 20, qui complète l'article 4, interdit aux évêques de sortir de leur diocèse sans la permission du chef de l'État.

Voilà le régime de liberté octroyé aux évêques et aux prêtres catholiques par les lois organiques. C'est avec ce sans façon que le gouvernement consulaire, de la même plume

qui venait de signer le Concordat et de proclamer solennellement la liberté de l'Église, si-
gnait sa servitude et la soumettait au bon
plaisir pur et simple du souverain.

Ici, la violation du traité est plus manifeste
encore ou du moins plus choquante que dans
les articles précédents. Ceux-ci, en réglemen-
tant de cette façon les rapports du clergé et
des fidèles avec le Saint-Siège, avaient, à défaut de motifs sérieux, le prétexte, dont on a
tant et si souvent abusé, du caractère souve-
verain et de l'autorité temporelle de la pa-
pauté ; le gouvernement pouvait couvrir ses
défiances et ses prétentions absolutistes du
manteau des nécessités diplomatiques et des
habitudes internationales.

Dans les rapports des évêques entre eux et
avec leur clergé, rien de pareil ne pouvait être
allégué ; tout se passait entre Français, entre
citoyens du même pays, entre prêtres de la
même Église gallicane, entre prélats et curés
nommés avec le concours positif et nécessaire
du gouvernement. L'interdiction de toute réunion, même n'ayant pour objet que de pures
questions de doctrine, de morale ou de discipline ecclésiastique, était donc sans motif
comme sans excuse, c'est la substitution bru-

tale de l'arbitraire gouvernemental à la liberté
formellement reconnue par le Concordat.

VI

On se demande comment, devant de telles
prescriptions, des hommes d'État sérieux ont
pu soutenir que le traité avec le Saint-Siège
n'était pas violé et que la liberté de l'Église
n'était pas supprimée. Le Concordat disait
simplement, sans restrictions et sans commen-
taires, aux évêques de France : « Vous êtes
libres ». Les articles organiques leur disent :
« Vous êtes libres, mais vous ne pourrez aller
et venir sans ma permission; vous êtes libres,
mais vous ne pourrez vous réunir avec vos
collègues dans l'épiscopat sans ma permission;
vous êtes libres, mais vous ne pourrez réunir
autour de vous vos curés et vos prêtres sans
ma permission; vous êtes libres, mais vous
ne pourrez communiquer avec le chef de l'É-
glise sans ma permission; vous êtes libres,
mais vous ne pourrez publier ni lire en chaire
ni faire connaître par aucune voie aux fidèles
de votre diocèse, les actes, les encycliques du

Souverain Pontife, les décisions mêmes dogmatiques des conciles œcuméniques sans ma permission. Dans ces conditions et dans ces limites vous êtes libres, et c'est ainsi que j'entends la liberté que je vous ai promise dans le Concordat. »

C'est comme si le gouvernement proclamait par une loi la liberté pure et simple de la presse et que, dans un règlement d'administration publique, rendu en exécution de cette loi, il dit aux journalistes : « Vous pouvez fonder des journaux, les répandre, y écrire, y juger, y critiquer tout ce que vous voudrez; je n'y mets qu'une condition, c'est que rien ne se fera, ne s'écrira et ne se publiera qu'après la censure préalable et l'autorisation formelle du gouvernement; telle est ma façon d'entendre et de pratiquer la liberté de la presse. »

Devant de telles prétentions d'un gouvernement, quand on a la force pour résister, on passe outre; quand on ne l'a pas, on hausse les épaules et l'on baisse la tête, mais on ne discute pas.

C'est ce que fit l'Église quand les lois organiques furent publiées avec le Concordat. Dans un document diplomatique remarquable et qui resta sans réfutation, le cardinal Caprara protesta, au nom du Saint-Siège contre cette violation inattendue du contrat. Il indiqua sommairement les motifs canoniques, de conscience, de sens commun et de droit des gens, qui ne permettaient pas au Souverain Pontife de reconnaître aux articles organiques une valeur légale et morale quelconque. Il énuméra ceux de ces articles qui blessaient plus particulièrement les lois divines et les règles consacrées du droit humain. Puis, ayant protesté, le Saint-Siège se tut. Il courba la tête devant le droit du plus fort, et s'en remit au temps, aux évènements, à la force de la justice et à la Providence, de faire rentrer toutes choses dans l'ordre.

Bonaparte lui-même, il faut le dire, montra, dès le lendemain de la publication des Organiques, qu'il tenait beaucoup plus à les édicter qu'à les exécuter, et sa conduite révéla les raisons secrètes et véritables qui les lui avaient fait proclamer. On ne peut admettre en effet qu'un homme de son génie, connaissant comme lui la place fondamentale que la religion doit occuper dans toute société humaine qui veut vivre, prétendît détruire d'une main ce qu'il édifiait de l'autre, et se déclarer l'ennemi brutal d'une Église, sur laquelle l'Europe chrétienne reposait depuis plus de dix siècles, et qu'il venait de rétablir par la seule force de sa volonté.

Les uns ont dit que, tout en voulant rétablir l'empire nécessaire de la religion sur les âmes et en reconnaissant que la religion catholique était la seule qui fût possible en France, il avait voulu tenir en sa main les ministres de cette Église redoutable, et confisquer à son profit l'influence qu'elle exerce sur les multitudes.

Les autres ont pensé que, pour faire passer l'audace du Concordat et vaincre les préjugés non des masses populaires, mais des gens prétendus éclairés, de ses généraux, de ses fonctionnaires et de ses savants, il avait cru nécessaire d'envelopper le contrat dans les clauses révolutionnaires des articles organiques et de ne le présenter à la nation que sous ce vêtement qui le rendait méconnaissable.

Je crois que l'une et l'autre de ces assertions est exagérée, et que la vérité est entre les deux ou plutôt dans la réunion de toutes les deux. Le caractère de l'empereur Napoléon était très complexe, et il y avait en lui plusieurs personnages. Né en Corse, de race italienne, il avait eu trois éducations, celle de la

famille et du pays natal, celle de la Révolution
et celle de l'armée.

Du sang italien et de l'éducation de famille,
il avait gardé un sentiment profond de la foi
catholique, un souvenir persistant et qui ne le
quitta jamais des mystères et des cérémonies
de l'Église. A mesure qu'il s'éloignait de l'en-
fance et de la vertu pour entrer dans les habitudes et les mœurs des écoles militaires et
d'une société corrompue, la foi diminua en lui
et parut s'éteindre. Mais il en garda toujours
un souvenir si présent qu'après la victoire de
Marengo, il ne craignit pas de répondre à ses
généraux qui le complimentaient sur cette
journée, la plus belle de sa vie : « J'en ai connu
une plus belle encore, celle de ma première
communion. » Et à Sainte-Hélène, quand il eut
obtenu de l'Angleterre la faveur d'un aumônier,
d'une chapelle et de l'exercice du culte catholique, il entra dans un transport de joie, et
s'écria qu'en entendant le son des cloches et
en retrouvant le sacrifice de la messe, il lui
semblait avoir retrouvé la France. Qu'on
ajoute à ces premières impressions d'une origine et d'une éducation catholiques le coup
d'œil de l'homme de génie qui se rendait
compte de ce que serait un peuple sans Dieu,

qui disait dans son langage coloré et presque
brutal : « Sans la religion, les hommes s'égor-
geraient pour la plus belle femme ou pour la
plus grosse poire, » qui détestait les philo-
sophes matérialistes ou impies du dix-huitième
siècle, et méprisait particulièrement Voltaire
et Rousseau, et l'on comprendra le sentiment
sincère, chrétien et véritablement élevé qui le
porta à rétablir la religion catholique en France
et à signer le Concordat avec le Saint-Siège.
Voilà la part du premier personnage, de la
première éducation de Bonaparte dans cet acte,
le plus grand de sa vie.

Mais à côté de cette première éducation, il
avait reçu celle de la Révolution et celle de
l'armée. Le spectacle et la méditation des scènes
révolutionnaires, des violences des uns, des
faiblesses déplorables des autres, des audaces,
des folies, des fureurs des tribuns et de la po-
pulace, lui avait inspiré, avec une ambition
que justifiait sa supériorité sur tous ces des-
potes d'un jour, un profond mépris du droit si
souvent violé, de la loi si variable et si impuis-
sante, et de la nature humaine qui accomplis-
sait ou laissait commettre toutes ces horreurs.
Il en était vite arrivé à croire qu'avec du génie
et de l'audace on pouvait tout oser et tout im-

poser, et certes si jamais cette erreur fut ex-
cusable, à quelle époque le fut-elle autant
qu'au lendemain de la Révolution française?
Son séjour dans les camps, l'ascendant inouï
et légitime que lui donnèrent bientôt sur ses
soldats son génie militaire, ses expéditions
presque fabuleuses et ses victoires répétées,
achevèrent son éducation révolutionnaire au
point de vue de sa confiance dans la force, tout
en la réformant au point de vue du sentiment
de l'autorité et de la discipline. Il comprit alors
le peuple comme un immense régiment qui devait une obéissance absolue, en échange de
l'ordre et de la gloire qu'il lui apportait. Il en-
visagea le clergé comme une portion d'élite,
mais comme une portion intégrante de cette
armée qui lui devait obéissance comme les autres, et si son bon sens, son génie et l'instinct
religieux survivant en lui au sommeil de la foi
lui montraient en Dieu le maître des choses
humaines, le seigneur des nations et l'éduca-
teur nécessaire du genre humain, son orgueil
et l'habitude du commandement suprême lui
persuadèrent que lui, Napoléon, pouvait traiter
avec ce grand Dieu de puissance à puissance et
en faire même l'instrument de ses desseins et
son moyen par excellence de gouvernement.

Il me semble que cette analyse du caractère et de l'éducation religieuse, morale et politique de Napoléon explique le Concordat et les articles organiques avec une extrême clarté. Elle fait comprendre ce qu'il y a, dans cette œuvre contradictoire, de grandeur et de petitesse, de confiance et de défiance envers l'Église catholique, de respect et de mépris de Dieu et des hommes. Elle montre Napoléon, tantôt rendant hommage au Sauveur du monde jusqu'à ressusciter son culte et son autorité souveraine, au mépris des colères et des sarcasmes de son entourage, jusqu'à traiter d'égal à égal avec le chef humilié et presque dépouillé de l'Église; tantôt, par orgueil, par despotisme et par calcul, humiliant le Pape qu'il venait de relever, l'Église dont il venait de reconnaître les droits, et traitant les choses divines avec la façon cavalière d'un chef de régiment qui donne une consigne au dernier de ses soldats.

Par ces procédés il obéissait d'ailleurs au désir dont nous parlions tout à l'heure de rassurer et de satisfaire ceux qu'il venait de froisser si vivement en rétablissant malgré eux ce que les maréchaux de France osaient appeler des capucinades. Il voulait leur montrer qu'il entendait demeurer le maître de ces hommes d'église avec lesquels il venait de traiter, et il n'était pas fâché de le montrer à ces hommes d'église eux-mêmes. On sait, et ce trait achèvera de peindre le caractère de Napoléon, qu'il y avait en lui un grand comédien comme un grand capitaine, et que se regardant, vis-à-vis des autres hommes, comme un être à part, un maître vis-à-vis de ses serviteurs, un père vis-à-vis de ses enfants, il aimait à forcer les effets, à évoquer des monstres imaginaires, à grossir sa voix pour leur faire peur et les réduire par la peur à l'obéissance. Nous avons rappelé plus haut un trait frappant de cette habitude d'esprit, en racontant sa feinte colère à l'égard du cardinal Consalvi, pour obliger ce prélat à modifier l'artic le 1er du Concordat tel qu'il voulait qu'il l'acceptât.

Plusieurs des articles organiques nous paraissent avoir le même caractère et le même but. C'était à la fois, de la part de Napoléon, une concession à l'esprit voltairien ou matérialiste des révolutionnaires en habits brodés qui peuplaient son état-major et sa cour, et une menace suspendue comme une épée de Damoclès sur la tête du clergé. C'était une arme, empruntée à l'arsenal de l'ancien régime, qu'il entendait bien laisser dans le fourreau, mais dont le seul fourreau devait servir à assurer son empire souverain sur l'Eglise de France. C'était un tonnerre de comédie, pareil à ces foudres d'airain que les statues de Jupiter s'apprêtaient à lancer sans les lancer jamais.

Le sens profond du Pape Pie VII et sa finesse italienne ne se méprirent pas nn instant sur ce caractère des lois organiques. Il démêla les mobiles divers de la conduite de Napoléon dans toute cette affaire, et les faux éclats de voix du maître de l'Europe ne l'effrayèrent pas. C'est pourquoi, au lieu de prendre au sérieux ce commentaire brutal d'un traité qu'il semblait détruire par sa base, il se borna à protester, par respect pour les principes et la dignité du Saint-Siège, à démontrer la nullité légale de ces actes en contradiction avec le droit des gens et les droits reconnus par le Concordat lui-même à l'Eglise et à ses ministres, puis il rentra dans la majesté d'un silence paisible, autorisa tacitement le clergé de France à se prêter à l'exécution de ceux des articles organiques que le gouvernement français appliquait sans grand dommage pour les intérêts religieux, tels que l'enregistrement au conseil d'Etat des bulles

d'institution canonique des évêques, enregistrement de pure forme et qui n'a jamais donné
lieu à aucune difficulté sérieuse ; tels encore
que les recours comme d'abus devant le
conseil d'État, lesquels, bien qu'injustifiables
en théorie, avaient le plus souvent pour résultat de préserver les membres du clergé de
poursuites devant les tribunaux civils ; et
voyant, après trois ans d'expérience, qu'il ne
s'était pas trompé sur le sens et l'application
de ces fameux articles qui, pour la plupart,
dormaient inoffensifs dans les cartons du
ministre des cultes, il consentit à venir en
France, à traverser, comme il le dit lui-même,
tout un peuple agenouillé sur son passage, et
à sacrer, dans l'église de Notre-Dame, celui
qu'il regardait toujours comme le restaurateur
de la religion catholique en France.

Cette conduite, aussi politique que charitable, était la plus sage que pût adopter le
Saint-Siège, et elle valut à l'Église, à travers
quelques difficultés et quelques orages passa-
gers, une paix salutaire et profonde pendant
plus de soixante ans. A certaines époques
plus troublées de notre histoire moderne, le
gouvernement usait, avec une apparente sévé-
rité, de quelques-unes de ces armes ébréchées

de l'ancien régime, particulièrement de l'appel comme d'abus. Mais, à mesure que l'esprit d'ordre et d'autorité reprenait le dessus sur l'esprit révolutionnaire, les Organiques rentraient dans leur ombre poudreuse, comme des chiens aboyeurs qu'on fait rentrer au chenil, et l'Église reprenait doucement possession du libre exercice de son culte que le Concordat lui avait garanti comme un droit et qu'aucun gouvernement digne de ce nom n'osera jamais lui refuser en fait.

Il ne faut pas se dissimuler cependant le danger de ces lois de circonstance, faites pour intimider plutôt que pour être exécutées et qui jouent, dans la pensée des législateurs et des gouvernements peu scrupuleux sur le choix des moyens, le rôle d'épée de Damoclès. Il est des moments où le fil qui retient cette épée suspendue sur des têtes innocentes est tellement usé par le frottement des révolutions ou ou tellement agité par leurs orages, qu'il menace de se rompre et de causer en se rompant des ruines incalculables. Il peut se rencontrer, soit des chefs d'État, rois, empereurs ou tribuns, soit des assemblées souveraines, assez dépourvues de sens politique, moral et religieux, assez ennemies de la providence de Dieu et de la liberté humaine, pour prendre au sérieux ces lois organiques ou autres du même genre, et tirer de leur stricte application l'asservissement complet de l'Église et la destruction de ses cérémonies, de son culte, de sa vie tout entière. Supposez un instant le pouvoir civil, l'État appliquant à la rigueur et sans résistance tous les articles organiques avec leur cortège de lois pénales, et vous aurez le spectacle de la persécution la plus odieuse que l'Église ait subie depuis les jours de Dioclétien ou de la Terreur. Suppression de toute communication entre le Pape et l'Église de France, entre les évêques avec leurs collègues et leurs curés, entre tous les prêtres du même diocèse ; suppression, par la voie du recours comme d'abus et des poursuites judiciaires, de toute instruction pastorale adressée aux fidèles, de toute exhortation en chaire à lutter légalement contre la persécution ; interdiction de la discussion de tout acte du gouvernement, cet acte fût-il la négation absolue de toute justice, de toute morale, de toute liberté religieuse, en un mot, toute licence donnée au pouvoir civil et à ses agents, toute liberté, toute défense ôtée à l'Église, tel serait le résultat rapide de cet ordre de choses qui pourrait se prétendre légal. Or, c'est là le comble de la démoralisation. Faire le mal contre la loi, c'est une grande pitié ; le faire avec la loi et par elle, c'est la destruction radicale de la notion même de la justice et de l'autorité.

Du reste, en ce qui concerne la publication soit des actes émanés du Saint-Siège, soit des mandements épiscopaux, le gouvernement voudrait aujourd'hui l'interdire au nom des lois organiques, qu'au nom du bon sens et de la liberté de la presse, il ne le pourrait pas. Alors que tous les journaux de toutes les petites villes de France ont toute licence de reproduire, en les commentant, les actes, les écrits, les lettres pastorales ou autres du Pape et des évêques, et qu'ils usent, on sait avec quelle latitude, de cette faculté qu'ils tiennent des lois sur la presse, défendre aux seuls évêques de publier et d'expliquer ces actes serait un tel renversement de toute justice et de tout sens commun qu'il dépasserait les limites de l'audace et de la sottise humaines. A défaut de la chaire, le Souverain Pontife, les évêques et les prêtres auraient à leur disposition la publicité des journaux, et si les relations officielles entre le chef de l'Église et ses membres étaient interdites, les relations officieuses ne pourraient l'être et ajouteraient à l'odieux de la persécution le ridicule de son impuissance. Jamais, si la liberté de la presse et l'habitude de tout écrire et de tout reproduire dans les journaux, habitude impossible à détruire et plus forte que la loi, eussent existé à l'époque des lois de germinal an X, Napoléon n'eût songé à renouveler dans les articles organiques les interdictions de l'ancien régime. Son bon sens eût été plus fort que son instinct d'absolutisme, et il eût compris qu'il était moins difficile encore de détruire le clergé catholique que de le laisser vivre en lui interdisant de parler, d'écrire et d'enseigner. Le danger de l'application des Organiques en ce point n'existe donc pas sérieusement aujourd'hui, et le jour où un gouvernement se rencontrerait qui voudrait tenter cette aventure, il serait bien vite amené à reconnaître que le moyen le plus simple et le seul pratique de fermer la bouche aux pasteurs de l'Église, c'est de les supprimer.

VII

Napoléon, devenu empereur, a donné une singulière preuve du cas qu'il faisait des articles organiques et de la valeur légale qu'il leur accordait. Par un simple décret, rendu de son initiative propre, sans même la solennité de l'avis préalable du conseil d'État, il a modifié, en 1810, et supprimé plusieurs de ces articles, témoignant ainsi que cette loi n'avait point à ses yeux la valeur d'une loi ordinaire. Il est de principe en effet qu'une loi peut seule défaire ce qu'a fait une loi.

Nous avons vu que l'article 1er des Organiques soumettait tout écrit quelconque émané du Saint-Siège à l'examen et à l'autorisation préalable du gouvernement. Il en résultait que les brefs de la pénitencerie sur le for intérieur étaient soumis à cette autorisation, ce qui répugnait à la nature des choses. Comment admettre en effet l'œil et l'examen d'un intermédiaire quelconque entre le pécheur qui s'adresse pour un cas de conscience à l'autorité spirituelle du Saint-Siège et le souverain pasteur des âmes répondant au pénitent qui l'implore? C'était absurde et révoltant, et le décret du 28 février 1810 excepta de la règle posée par l'article Ier des Organiques les brefs de la pénitencerie.

Un autre article des Organiques, l'article 26, portait que les évêques ne pourraient ordonner aucun ecclésiastique s'il ne justifiait d'une propriété produisant au moins un revenu annuel de 300 francs et s'il n'avait atteint l'âge de vingt-cinq ans. Ces dispositions étaient en contradiction avec les lois canoniques qui permettent l'ordination à l'âge de vingt-deux ans, et qui n'ont jamais exigé la justification d'un certain revenu pour être admis à l'honneur du sacerdoce. Elles étaient de plus en opposition formelle avec toute l'histoire de l'Église, de cette Église fondée par un Dieu né dans une étable, nourri par un artisan, mort sur une croix et enseveli dans un tombeau d'emprunt; de cette Église dont les apôtres furent tous des pêcheurs et des pauvres, dont le premier Pape vivait du travail de ses mains, et dont plusieurs Souverains Pontifes, avant d'être pasteurs des peuples, avaient été pasteurs de troupeaux. Exiger que, pour être ministre de cette religion sainte dont les petits, les oppri-

més et les pauvres ont toujours été les enfants
privilégiés, il fallût appartenir à la classe des
heureux de ce monde, était un oubli du législateur de l'an X qui ne pouvait résister à la
réflexion. Le décret de 1810 supprima cette
double disposition de l'article 26 des Organiques.

Enfin, il rapporta également l'article 36,
qui, contrairement aux règles de l'Eglise, sta-
tuait que les vicaires généraux des diocèses
vacants continueraient leurs fonctions même
après la mort de l'évêque jusqu'à son rempla-
cement, et il décida que, pendant les vacances
des sièges, il serait pourvu, conformément aux
lois canoniques, au gouvernement des diocèses.

Napoléon alla plus loin, et pour modifier
l'article 43 des Organiques, portant que tous
les ecclésiastiques seraient habillés à la française et en noir et que les évêques pourraient
seulement joindre à ce costume la croix pastorale et les bas violets, il ne prit pas la peine
de rendre un décret, il se contenta d'un simple
arrêté. l'arrêté du 17 nivôse an XII, qui per-
mettait aux ecclésiastiques de continuer à por-
ter les habits convenables à leur état, suivant
les canons, règlements et usages de l'Eglise.
Je ne crois pas que dans toute la législation

française il y ait un autre exemple d'un arrêté
modifiant une loi.

Je ne blâme certes pas ces procédés de
l'auteur des lois organiques ; je les approuve,
au contraire, dans le fond comme dans la forme.
Quant au fond, des dispositions aussi vexa-
toires, aussi attentatoires à l'exercice le plus
élémentaire de la liberté de l'Église ou aussi
ridiculement puériles que celles ci-dessus rap-
pelées, ne pouvaient être maintenues par un
gouvernement tant soit peu soucieux de sa
dignité propre et des intérêts religieux. Quant
à la forme, des articles de loi rendus en violation directe d'un traité synallagmatique dont
ils avaient pour but de faciliter l'exécution et
nuls de plein droit d'après les principes du
droit des gens, ne méritaient pas une formule
de suppression ou de modification plus solennelle que celle du décret ou de simple arrêté.
L'auteur des articles organiques montrait ainsi
aux adversaires de l'Église, comme à l'Église
elle-même, la valeur morale et légale qu'il
accordait à cette œuvre et l'autorité qu'ils lui
devaient reconnaître. C'est à ce point de vue
que j'ai cru utile m'arêter quelques intants
sur incident singulier de l'histoire de la loi du
germinal an X.

Je ne poursuivrai pas, titre par titre, l'examen des divers articles organiques qui sont
plus ou moins incompatibles avec les clauses
du Concordat. Le titre 1er, sur lequel je me
suis longuement étendu, est d'ailleurs celui
qui contient la négation la plus audacieuse de
la liberté de l'Église consacrée par l'article 1er
de la convention.

Je me bornerai à signaler les dispositions
les plus graves et les plus intéressantes qui,
dans les autres titres de la loi de l'an X, me
paraissent devoir motiver quelques observa-
tions.

Dans le titre II, l'article 10 abolit tout pri-
vilège portant exemption ou attribution de la
juridiction épiscopale.

Cette clause constitue un excès de pouvoir
et un empiétement évident sur les droits du
Saint-Siège qui, d'après le Concordat lui-
même, peut seul conférer aux évêques la juridiction spirituelle sur leurs diocèses et en qui
réside la juridiction pleine, entière et directe
sur l'Église universelle. C'est là une vérité de
tradition constante dans le christianisme, et
le concile œcuménique du Vatican a fait de
cette tradition l'objet d'une définition formelle
et d'un dogme de foi. La limite, la portée des

privilèges portant exemption de l'ordinaire, peuvent être discutées et réglées contradictoirement entre l'Église et l'État. Mais l'État n'a aucunement le droit de trancher la question de son autorité souveraine. Aussi ces exemptions à la règle très sage et très respectée de l'ordinaire ont-elles subsisté dans l'Église de France comme partout ailleurs, malgré les lois organiques, et le gouvernement lui-même en a consacré plus d'une, spécialement dans les décrets qui ont constitué la grande aumônerie, l'aumônerie militaire et le chapitre de Saint-Denis.

L'article II, qui supprime tout autre établissement ecclésiastique que les chapitres cathédraux et les séminaires, est également excessif, et incompatible avec le libre exercice du culte catholique et l'exécution des lois canoniques.

Les gouvernements qui se sont succédé en France à commencer par le gouvernement impérial, ne se sont pas fait faute de violer cet article de loi, en créant de nombreux établissements ecclésiastiques par des décrets ou par des ordonnances. Tels sont entre autres, le décret du 30 décembre 1809 sur les fabriques ; le décret du 3 messidor an XII, qui, après

avoir ordonné la dissolution de diverses associations religieuses, a permis, à certaines
conditions, d'en établir de nouvelles pour
l'avenir ; le décret du 18 février 1809, qui a
autorisé plusieurs communautés religieuses de
femmes ; l'ordonnance du 27 février 1816, portant la même autorisation pour les associations
de Frères voués à l'enseignement, etc. —

Dans le titre III intitulé : *Du culte*, l'article
26 statue qu'il n'y aura qu'une liturgie et un
catéchisme pour toutes les Églises catholiques
de France. Ici, nous ne pouvons qu'approuver
la pensée qui a dicté cette disposition vraiment
catholique, et nous regrettons qu'en ce qui
concerne le catéchisme, l'unité que le législateur n'avait pas le droit de prescrire, mais
qu'il devait souhaiter, ne se soit pas réalisée
par l'accord de l'épiscopat français. Il semble
logique, en effet, que l'unité du catéchisme,
comme l'unité de la liturgie, réponde à l'unité
de la foi. Quant à la liturgie, le vœu de l'article 9 s'est réalisé, non pas peut-être de la
façon que l'entendait l'auteur des Organiques,
mais de la seule façon et par le seul procédé
vraiment catholique, par le retour de tous les
diocèses de France à la liturgie romaine.
Cette grande réforme, si désirable, est aujour-

d'hui un fait accompli, et c'est peut-être de tous les articles organiques celui dont les partisans de l'an X souhaitaient le moins l'application. Si toutes les dispositions de cette loi étaient du même esprit, on peut tenir pour certain qu'aucun de ceux qui les invoquent aujourd'hui n'en réclamerait l'exécution et n'en soutiendrait la légalité.

Je ne dirai rien de l'article 45 relatif aux processions, qui pourrait faire l'objet d'une étude spéciale, si ce n'est qu'interprété et appliqué dans un esprit loyal et libéral, il ne donnerait lieu, en fait, à aucune difficulté grave, à aucune protestation du clergé.

Je ne cite également que pour la forme l'article 54 qui interdit aux curés la célébration du mariage religieux avant le mariage civil. Il y aurait toute une dissertation à faire sur cette disposition si grave, absolument contraire aux lois canoniques, aux définitions des Conciles et aux prescriptions de l'Église. Elle donna lieu à une très vive protestation de la part du Saint-Siège, et ce fut parmi les atteintes portées par la loi de l'an X aux droits de l'Église, une des plus douloureuses au Souverain Pontife et des plus préjudiciables à la société chrétienne.

Dans le titre IV, les articles 73 et 74 provoquèrent aussi les légitimes réclamations du Saint-Siège.

L'article 15 du Concordat stipulait, on s'en souvient, que le gouvernement prendrait des mesures pour que les catholiques français pussnet, s'ils le voulaient, faire en faveur des églises des fondations.

Voici comment cet engagement se trouve réalisé dans les articles 73 et 74 des Organiques:

ART. 73. — Les fondations qui ont pour objet l'entretien des ministres et l'exercice du culte ne pourront consister qu'en rentes constituées sur l'État. Elles seront acceptées par l'évêque diocésain et ne pourront être exécutées qu'avec l'autorisation du gouvernement.

ART. 74. — Les immeubles, autres que les édifices destinés au logement et les jardins attenants, ne pourront être affectés à des titres ecclésiastiques, ni possédés par les ministres du culte à raison de leurs fonctions.

On voit du premier coup d'œil la différence fondamentale qui existe entre le principe posé par le Concordat, et les mesures d'exécution prescrites par les articles organiques.

Le Concordat disait : « Les catholiques peuvent, s'ils le veulent, faire des fondations en faveur des églises. »

Les articles organiques disent : « Ils pourront faire des fondations, si le gouvernement le veut. »

L'autorisation du gouvernement, sans aucune garantie de forme, ni de limite d'appel, est, en effet, exigée par l'acceptation de tout don ou legs fait en faveur de la religion : d'où il suit que, sans violer en rien ses droits résultant des Organiques, mais en violant absolument les droits de l'Église résultant du Concordat, le gouvernement pourrait, de parti pris et même sans examen, refuser toute espèce de fondations, de donations, de legs ayant un objet religieux. Il ne l'a jamais fait jusqu'ici, mais rien n'indique qu'il ne voudra pas le faire un jour, et d'après certains indices et certaines déclarations, ce jour pourrait être prochain.

Ce n'est pas tout, et l'article 73 des Organiques ne se borne pas à cette restriction illimitée qui détruit, on peut le dire, la liberté des fondations reconnues par le Concordat. Il en ajoute une autre presque aussi grave en interdisant toute libéralité, faite en faveur de l'Église, qui ne consisterait pas en rentes con-

stituées sur l'État. D'après cet article, aucun
établissement ecclésiastique, aucun ministre
du culte ne peut accepter une libéralité, ni
posséder une propriété immobilière quelconque. Les articles 73 et 74 leur imposent une
incapacité absolue à cet égard. Les immeubles
sont proscrits avec ce soin jaloux, dans la
crainte, sans doute, de voir se reformer le patrimoine ecclésiastique qui, jusqu'en 1789,
subvint seul au soulagement des pauvres dans
toute la France, comme au service de l'enseignement à tous les degrés. L'État a si peur
de l'influence légitime qui pourrait rendre à
l'Église la possession de biens territoriaux,
qu'il préfère, au danger de voir le clergé se
charger de nouveau des dépenses de la charité
et de l'enseignement, l'inconvénient d'acca-
bler le budget de l'État, des départements et
des communes, des charges immenses de ces
deux services qui atteignent aujourd'hui plus
de cent millions par an !

Il y a dans cette interdiction de toute libéralité immobilière, rapprochée de l'autorisation préalable et nécessaire du gouvernement
pour l'acceptation des libéralités de toute nature, une contradiction singulière et un
manque étrange de logique. A quoi bon, en

elle, proscrire tout un ordre de libéralités, du
moment qu'aucune ne peut être acceptée qu'a-
près l'examen et l'autorisation du gouvernement? Ce droit d'autorisation, qui entraîne le
droit de refus, embrasse tout et suffit à tout,
même au caprice de la persécution la plus
éhontée, puisqu'en l'exerçant l'État peut tout
interdire.

Aussi, quelques années après la loi de germinal an X, en 1817, le législateur revint-il
sur les articles 73 et 74 des Organiques, et
comprenant qu'il fallait, pour le moins, faire un
choix entre l'une ou l'autre des dispositions de
ces articles, il supprima l'interdiction d'acquérir et de posséder des immeubles, en mainte-
nant l'autorisation du gouvernement pour les
accepter. C'est grâce à cette mesure à demi
réparatrice que l'Église a pu recevoir depuis
soixante ans un certain nombre de legs immo-
biliers, très peu considérables, d'ailleurs, qui
presque tous sont grevés de services religieux
ou affectés à un usage charitable ou pieux. Le
danger, rêvé par les ennemis ou les surveil-
lants jaloux de l'Église, et que pour notre
compte nous regarderions comme un grand
bienfait, de voir se reformer un vaste patrimoine ecclésiastique, ne s'est réalisé à aucun

degré, et il ne se réalisera jamais, grâce au droit arbitraire et absolument antilibéral du gouvernement d'autoriser ou de refuser l'acceptation de toute libéralité. En voyant se multiplier les millions que nécessitent les besoins majeurs croissants de l'assistance publique et de l'instruction à tous les degrés, l'administration peut mesurer la valeur du cadeau que lui ont fait les lois organiques de l'an X et ce qu'il en coûte à l'État de tenir l'Église en défiance et en tutelle.

Encore un mot, et cette fois un mot d'approbation, au sujet des articles 73 et 74 des Organiques. Ils disent en toutes lettres que les fondations ayant pour objet l'entretien des ministres et l'exercice du culte seront acceptées par l'évêque diocésain. Cette prescription est conforme à l'article 15 du Concordat comme aux lois canoniques, et elle est le fondement solide et juridique sur lequel repose la doctrine si injustement combattue de la personnalité civile des diocèses représentés par les évêques. Aux termes de cette disposition, l'évêque a droit et pouvoir d'accepter toutes les libéralités relatives à l'entretien des ministres et à l'exercice du culte dans son diocèse. C'est ce que s'est bornée à dire la jurisprudence du Conseil d'État depuis le Concordat jusqu'en 1840, jurisprudence remise en vigueur il y a quelques années, sur l'avis du conseil d'État de 1872. Sans entrer dans une discussion qui serait déplacée ici, nous ne pouvons nous empêcher de constater que cette interprétation déroule directement et avec une évidence, suivant nous, indéniable, des termes même de l'article 73 des Organiques, et qu'il faudrait supprimer cet article pour contester aux évêques le droit de représenter leurs diocèses dans l'acceptation de toutes libéralités ayant un objet religieux.

Nous n'ajouterons plus qu'un dernier mot qui sera encore un mot d'approbation sans réserve, au sujet de l'article 76 des Organiques. Cet article porte qu'il sera établi des fabriques pour veiller à l'entretien et à la conservation des temples, à l'administration des aumônes. Ces derniers mots indiquent clairement que, dans la pensée de l'auteur des organiques, les fabriques devaient conserver l'administration des aumônes, c'est-à-dire le service de l'assistance des pauvres et le droit de recevoir et de distribuer les dons et legs faits à cette intention. Le rapport de Portalis à l'empereur établit ce droit avec une netteté et une élévation de vues tout à fait remarquables. C'est en exécution et en conséquence de cette disposition formelle des lois organiques que le Conseil d'État a reconnu, ou plutôt maintenu, le droit traditionnel des fabriques d'accepter les libéralités charitables au même titre que les libéralités pieuses.

VIII

Pour résumer cette étude trop longue et cependant bien incomplète en plus d'un point sur le Concordat et les articles organiques, nous dirons que le Concordat est un acte bilatéral, un traité, qui ne peut être modifié que du consentement des parties contractantes ; que c'est une œuvre d'apaisement et de liberté, faite pour assurer à l'Église et à l'État le bienfait d'une union féconde en évitant le double danger de la séparation et de la confusion des deux pouvoirs.

Les articles organiques, au contraire, émanés d'une volonté unique, nuls de plein droit, par conséquent, en tout ce qu'ils ont de contraire au Concordat, sont une œuvre mixte, contradictoire, machine de guerre, ou plutôt arme déloyale forgée contre l'Église, dans le

seul but de donner aux ennemis du christianisme une satisfaction apparente, et d'inspirer
au clergé et au peuple catholique une crainte
salutaire. Ces articles n'ont été faits et n'ont
subsisté qu'à la condition de rester à l'état
d'épouvantail et de lettre morte en celles de
leurs dispositions qui sont la négation de la
liberté de l'Eglise.

Le jour où un gouvernement en France voudrait les exécuter à la lettre et les appliquer
dans toutes leurs prescriptions, il n'y aurait
plus ni Concordat, ni liberté chrétienne, ni
communication entre la tête et les membres de
l'Eglise, ni circulation de la vie divine dans
toutes les parties de la société catholique : ce
jour là, la paix religieuse aurait cessé d'exis-
ter, la persécution serait commencée.

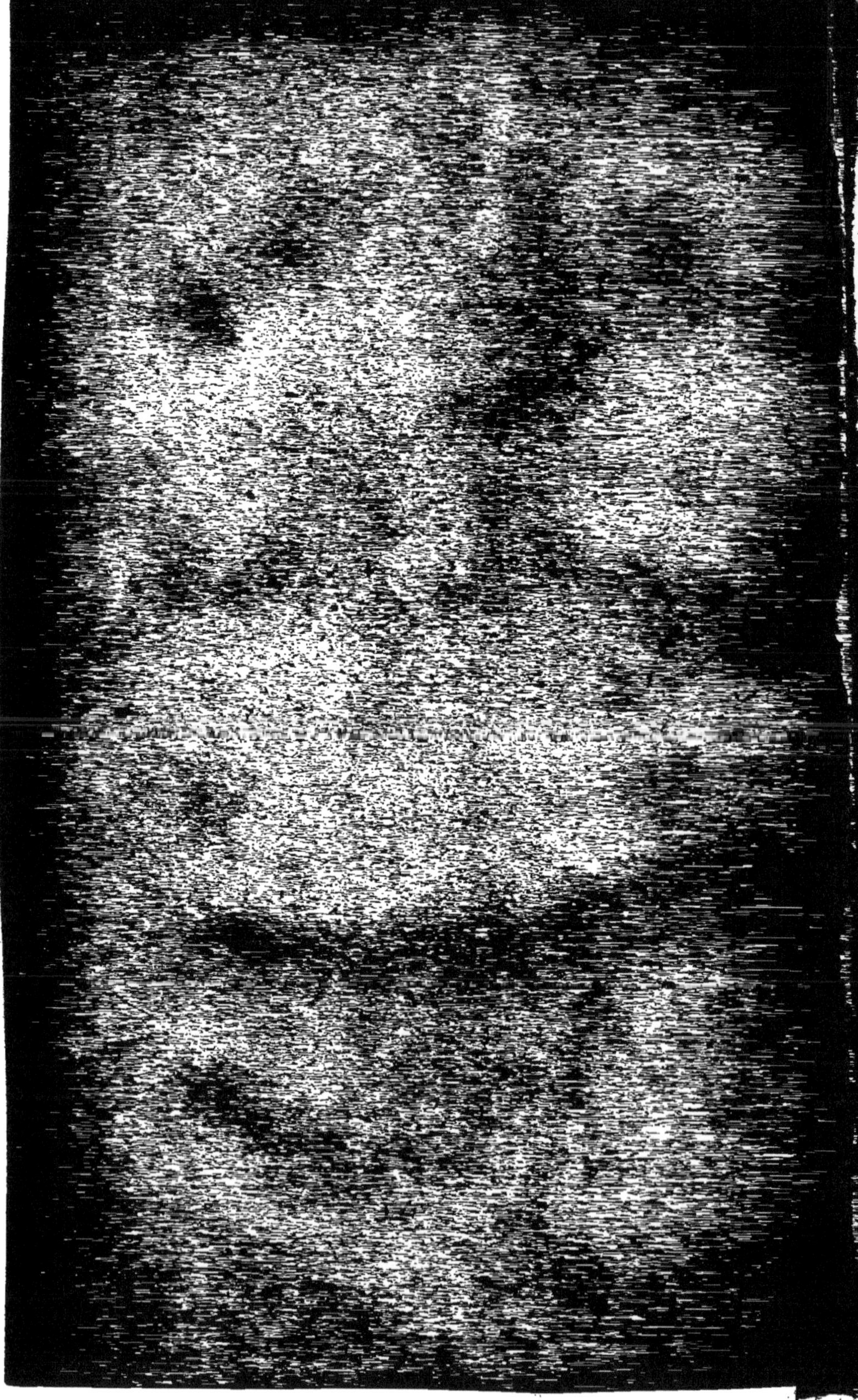

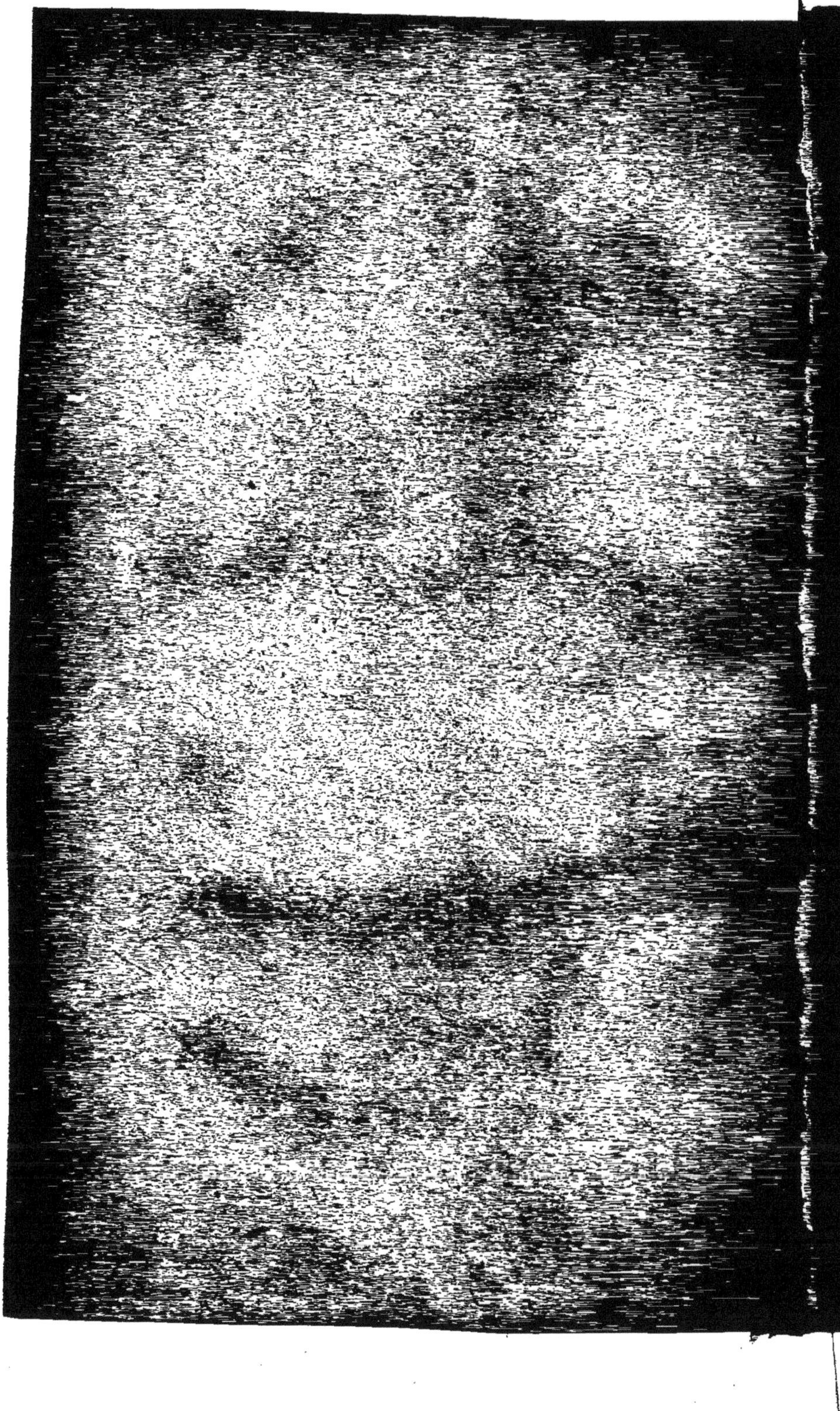